Michael Weger

# WÜRDE

Ein Theaterstück

AF288230

SHEEMA

# Michael Weger

# WÜRDE

Ein Theaterstück

**SHEEMA**

**Bibliografische Information der Deutschen Bibliothek**
Die Deutsche Bibliothek verzeichnet diese Publikation in der Deutschen
Nationalbibliothek; detaillierte Daten sind im Internet über
https://ddb.de abrufbar.


1. Auflage 2024
Copyright © 2024 Sheema Medien Verlag,
Inh.: Cornelia Linder, Hirnsbergerstr. 52, D – 83093 Antwort
Tel.: +49 (0)8053 – 7992952, E-Mail: info@sheema.de
https://www.sheema-verlag.de
Copyright © 2024 Michael Weger


ISBN 978-3-948177-23-2


**Umschlaggestaltung:** Isabella Weger, Schmucker-digital
**Fotos:** © 2024 Isabella Weger
**Gesamtkonzeption:** Sheema Medien Verlag, Cornelia Linder
**Druck und Bindung:** FINIDR, s.r.o., Český Těšín

FÜR LUCA

.

PERSONEN

SIE

Anfang 40, Pharmaforscherin, Dozentin

ER

Ende 50, Pflichtverteidiger
sowie in den Rollen Ehemann, Gerichtspsychiater,
Sprecher der Bischofskonferenz, Stimme anderer


ORT

Befragungsraum einer Justizanstalt


URAUFFÜHRUNG

20. September 2024
neuebuehnevillach

DARSTELLER

Isabella Weger, Michael Weger

REGIE

Michael Weger

# · TEIL 1

## · SZENE 1

*Das Licht fällt kalt und trüb in den beengten Be-*
*fragungsraum. Wenige Schritte und man läuft gegen*
*die Wand, Kopf voran, zum Hirnerweichen.*
*Es ist kalt. Zeiten von Energiespargesetzen. Die hier*
*landen, hätten ohnehin nichts Besseres verdient,*
*hätten ihren Anspruch auf Wärme, auf etwas nur im*
*geringsten Maß Fürsorgliches längst eingebüßt. So*
*heißt es, inoffiziell.*
*Graues, grobes Resopal bedeckt die Wände, ver-*
*schlissen, mit vertrockneten Wasserrändern, in*
*verwaschenen Grün- und Brauntönen, scheinbar*
*schlampig zusammengeschusterte Platten, schief,*
*da und dort, mit fingerbreiten Fugen, abgekratzten*
*Ecken, an einzelnen Stellen vollgekritzelt – von Fin-*
*gernägeln, Kugelschreibern herausgeschabte Buch-*
*staben, ausgefranste Schriftzeichen: Fick mich.*
*Fick dich. Hurenstaatsanwalt, wirst sterben. Hilf*
*mir. Vergib mir. Geh scheißen, Bilderberger. Es lebe*
*Q-Anon. – und ähnlichem mehr. Unkenntliche Sym-*
*bole, Hakenkreuze, Sichelmonde, Davidssterne, auf*
*dem Kopf stehende Kreuze. Seltsame, versprengte*
*Blüten aus den Irrgärten geschlagener Psychen al-*
*ler Damen und Herren Länder.*

*An den Wänden auch eine rundum verlaufende, schmale Sitzleiste.*

*Der Boden unter den Füßen ist taub. Brüchiges Linoleum. Jahre getragener Last auf dem Buckel, Ängste, Leid, Schmerz und Schuld, Schuld in rauen Mengen, dunkel, lastend, sich in Ecken kauernd, wie Unrat von Ratten oder Würmern, aus dem vertrockneten, erodierten Beton darunter.*

*Eine Kamera auf einem Stativ nimmt alle Ereignisse der folgenden Stunden und Tage auf. Manchmal überträgt sie live ins Netz.*

*Im Zentrum des Raumes ein breiter, fixierter Metalltisch. In der Mitte davon ragen zwei kleine Richtmikrofone aus der Tischplatte.*

*Eine Plastiktasse mit Kaffee, zwei Plastikgläser mit kleinen Wasserflaschen stehen unbenutzt auf dem Tisch.*

*Ein Tablet liegt auch da.*

*Zwei Sessel, aus demselben Metall wie der Tisch, ebenso kalt, hart ans Gesäß drückend, Stunde um Stunde härter, je nach Länge des Verhörs, der Einvernahme, der Begutachtung.*

SIE *sitzt aufrecht auf einem der Sessel. Mit weitem Blick. Irgendwohin gerichtet. Vielleicht sieht sie die Leere, die sich ihrer bemächtigt hat, auch außen vor sich, wie ein verwüstetes Land, nah und fern, so fern.*

*Sie trägt eine Jeans und einen grünen Hoodie mit Kapuze, darunter noch einige andere Kleidungsstücke, die sie aus Voraussicht angezogen hat – man weiß nie, ob sie noch da sind, wenn man wieder zurück in die Zelle kommt. Ihre dunklen Haare sind kurz und strähnig, besser gelingt es ihr nicht mehr, das Shampoo ist schlecht, billig, fettet. Die Duschgänge zweimal wöchentlich reichen ihr nicht. Ihr, die es gewohnt war, täglich oft dreimal zu duschen, nach jedem neuen Prozedere ihre Hände zu waschen, ein Dutzend Mal am Tag, zwangsneurotisch beinah. Aber auch plausibel, nicht als Neurose eingestuft, letztlich ihrer Profession geschuldet, Mittel zu erfinden, Heilmittel, immer neue, immer effizientere zum Wohl der Menschen schließlich, zur Erlösung von Elend und Not.*

*ER sitzt ihr gegenüber. Hat die Aktentasche und einen Aktenstapel auf den Tisch gelegt.*
*Er ist erschöpft an diesem Vormittag. Nachts weckt ihn sein müdes Herz, das mal zu heftig, dann wieder zu selten schlägt. Alte Ängste überkommen ihn, die übliche Einsamkeit, die Not rundum, vor allem unter jenen, die er zu verteidigen sucht, für Vergehen,*

*die einer Zeit entspringen, in der praktisch jeder sich täglich schuldig macht.*
*Er trägt einen hellbraunen Cord-Anzug mit dunklem Hemd, offener Weste und Krawatte, eine schlanke Lese-Brille.*

*Stille.*

*Minuten vergehen.*
*Die Anspannung im Raum wächst.*

ER *wartet offensichtlich schon lange auf eine Antwort.*

SIE *verharrt, versteinert, im Widerstand.*

ER *steht abrupt auf, wirft beinahe den Sessel um, geht ein paar Schritte, bleibt abgewandt stehen.*

*Es wird dunkel.*

*Stille.*

## · SZENE 2

*Ein nächster Tag. Akten und Tasche haben eine andere Position.*

SIE *sitzt wie abwesend.*

ER *lehnt an der Wand, ihr gegenüber, mit verschränkten Armen.*

*Wieder eine lange Stille.*

ER  Sie müssen nicht reden.

*Stille.*

ER  Das macht es mir nur leichter.

*Stille. Wasser tropft irgendwo.*

ER  Ist nicht so, dass es mir Spaß macht. Hier zu sein. Das können Sie mir glauben. Als Pflichtverteidiger werde ich den Mandanten zugeteilt. Der letzte Fall, zu dem ich mich aus Überzeugung entschieden habe, ist schon Jahre her. Ein Mehrfachmord. Die Kollegen wollten damit nichts zu tun haben. Ich bin damals noch dem Leitsatz gefolgt: Jeder verdient die bestmögliche Verteidigung. Hätte ich mir allerdings sparen sollen in dem Fall. Hat mich alles gekostet, verstehen Sie. Mein Ansehen, Familie, die Partnerschaft in der Kanzlei. Meinen Glauben an das Rechtssystem. Ein Mann hat seine halbe Familie erschlagen. Im Wohnzimmer. Mit einer Axt. Die Tatortfotos hätten Sie sehen müssen. Er hat selbst die Polizei gerufen. Die Beweislage schien eindeutig. Nur, dass er zur Tatzeit gar nicht im Haus war. Wohl aber seine älteste Tochter. Er hat alles gestanden. Ich hab mir den sprichwörtlichen Arsch aufgerissen. Meine Verteidigung war reine Sisyphos-Arbeit. Für nichts. Das Urteil zwischen Staatsanwalt und Richterin vor Prozessbeginn abgesprochen. Ich habe praktisch ohne mein Wissen der Staatsanwaltschaft zugearbeitet. Das war aber noch gar nicht das Schlimmste. Erst die Wochen danach, als ich mich gegen das Urteil und das Gericht gestemmt habe, haben mich um Kopf und Kragen gebracht.

*Stille.*

ER Aber das hier. Das kann ich Ihnen schwören, die Morde damals waren emotional leichter zu verkraften als das hier mit Ihnen. Habe mich, weiß Gott, nicht um Ihren Fall gerissen. Weiß Gott nicht! Sie kann ich beim besten Willen nicht ... Unvorstellbar.

*Stille.*

ER Das Gespräch wird zu meiner alleinigen Verfügung aufgezeichnet. Der diensthabende Justizbeamte untersteht ebenso der Schweigepflicht. Die Aufnahme läuft. Bei Kapitalverbrechen dokumentiere ich alles. Zur Absicherung. Dem haben Sie bislang nicht widersprochen. Ich werte das jetzt als Zustimmung.

*Stille.*

ER Wenn ich Sie verteidigen soll, brauche ich Anhaltspunkte. Ihre Motive, Rechtfertigung, privaten Hintergründe. Sie waren eine anerkannte Kapazität in der Pharmaforschung, sind bereits im Studium hervorgestochen, Stipendiatin, ein Wunderkind, Abschluss mit Bravour, jüngste Preisträgerin des hoch dotierten Life Science Awards für kreative Pharmaforschung. Sie haben alles aufgegeben für diesen, diesen Wahnsinn, haben alles verloren: Ruf, Ansehen, Karriere. Sie müssen mir da schon entgegenkommen. Ohne Ihr Mitwirken kann ich nicht mal einen halbwegs aussichtsreichen Enthaftungsantrag stellen. Der Untersuchungsrichter wird zu Recht Flucht- oder Verdunkelungsgefahr ins Feld führen. Wie soll ich das denn entkräften? Hören Sie! Also. Zum letzten Mal: Warum?!

*Stille.*

*Es wird dunkel.*

*Stille.*

# · SZENE 3

*SIE sitzt nahezu unverändert, wie abwesend.*

*ER sitzt ihr wieder gegenüber. Der Aktenstapel am Tisch ist nun geteilt. Eine der Akten liegt offen vor ihm. Er hält ein Dokument in der Hand, eine Seite umgeblättert.*

ER Laut Bericht der Haftaufsicht von vergangener Woche haben einige meiner Kollegen versucht, ein Gespräch mit Ihnen zu bekommen. Zwei davon sogar Staranwälte. Sie haben jedes Mal abgelehnt. Warum?

*Stille.*

ER Ich verstehe Sie beim besten Willen nicht. Die reißen sich jetzt alle um Ihren Fall. Kein Wunder bei dem riesigen Medienrummel. Sie sind auf allen möglichen Titelseiten. Die Kollegen von der Presse haben beachtliche Namen für Sie gefunden: Online-Killerin, Todesengel, Sterbestifterin. Im Netz überschlagen sich die Kommentare und Anfeindungen. Sogar auf Ihrer eigenen Internetplattform *letztes-glueck.com*, auf der Sie Ihr Präparat im Video-Blog beworben und vertrieben haben, finden sich im Forum ein paar hunderttausend Einträge: Bittgesuche, Dankesschreiben, Augenzeugenberichte von Angehörigen hunderter Opfer, Hasstiraden, Morddrohungen. Besonders kritisiert wird, dass Sie Ihr Präparat, nach Übermittlung einer beliebigen Ausweiskopie – als einzige Bestätigung der Volljährigkeit – und ohne weitere Überprüfung versandt haben.

Für die Medien ist das ein gefundenes Fressen. Sie sind ein verdammter Knüller. Für meine Kollegen aus den Penthouse-Etagen der Jahrhundertfall. Und Sie können mir glauben, bei denen wären Sie besser aufgehoben. Die *wollen* Ihren Fall nämlich. Im Gegensatz zu mir. Ich hab weder Verständnis noch Mitgefühl für Sie. Nicht das geringste. Also, warum nehmen Sie nicht einen von denen als Anwalt? Warum halten Sie weiterhin an mir fest?

*Stille.*

ER Gott, wie lange wollen Sie denn die Scheiße noch durchziehen?! Alles, was zwischen uns gesagt wird, bleibt auch unter uns. Ich bin keiner von denen, die das Anwaltsgeheimnis auf die leichte Schulter nehmen. Also, warum, zum Teufel, reden Sie nicht?!

*Stille.*

ER Lehnen Sie die anderen Anwälte ab, weil Sie glauben, Sie könnten sich das nicht leisten? *(Er kramt einen Akt aus dem Stapel, blättert darin.)* Haben, ja, soweit ich das ersehen kann, Ihr Sterbepräparat „Maiestol" zum Selbstkostenpreis verschickt, die ganze Herstellung, die Beschaffung der Wirkstoffe und chemischen Substanzen, den Einkauf, Online-Vertrieb, eben über Ihre Homepage, allein und selbst abgewickelt, *haben sich,* ich zitiere aus Ihrem Geständnis, *nicht selbst bereichern, nie einen persönlichen Nutzen daraus ziehen wollen.* Was ich Ihnen, nebenbei bemerkt, nicht abkaufe. Das können Sie mir nicht weismachen, dass da für Sie nicht ordentlich was rausgesprungen ist. Waren ja auch gerissen genug, über Jahre unentdeckt zu bleiben, über diverse Accounts im Darknet ein Vertriebssystem mit vernetzten Servern und wechselnden Routern aufzubauen. Wer Ihnen das beigebracht hat, hat Ihnen doch sicher auch irgendein geheimes Offshore-Konto in einer Steuer-Oase eingerichtet, mit ein paar Millionen drauf. Gut, darauf können Sie jetzt natürlich nicht zugreifen. Aber selbst ohne dieses Geld, ohne jegliche eigene Mittel – einer Ihrer fanatischen Fans hat einen Spendenaufruf für Sie gestartet. Wussten Sie davon? Wussten Sie, dass der Hunderttausende von Euros für Sie gesammelt hat? Dass der für alle Prozesskosten aufkommen würde? Wussten Sie das?

SIE *hebt ihren Kopf, schaut ihm, unverändert leer und kein bisschen überrascht, in die Augen.*

ER Sie wussten das? Sie wussten es tatsächlich?! Aber woher? Sie sitzen in Untersuchungshaft einer Justizanstalt. Sie haben kein Handy, keinen Zugriff aufs Internet und Sie wussten es?! Sie haben ja nicht mal Telefonate führen wollen. Also, woher? Von einem der Wärter etwa? Ist einer von denen auch so ein kranker Fan von Ihnen?! Also, das ist ja. Aber dann begreife ich es noch weniger. Wenn Sie wissen, dass Sie genug Geld haben und einige von diesen Winkelstaradvokaten Sie obendrein sogar pro Bono vertreten würden, warum muss es, um Himmels willen, ausgerechnet ich sein?!

*Stille.*

ER Kommen Sie schon! Machen Sie Ihr verdammtes Maul auf! Entschuldigen Sie die Ausdrucksweise. *(greift sich ans Herz, hält kurz inne)* Verstehen

Sie nicht, ich kann das nicht! Ich bin emotional überhaupt nicht in der Lage, Sie zu vertreten. Noch dazu bei meiner Herzschwäche. Ich finde Ihr Vergehen unverzeihlich, unentschuldbar. Ich halte Sie für die größte Massenmörderin der Geschichte. Ich kann das moralisch, ethisch nicht mit mir vereinbaren. Ich schaffe das nicht und will es auch gar nicht. Unmöglich. Also?! Warum nehmen Sie keinen von den anderen?!

*Stille.*

SIE Weil meine Chance auf einen kurzen Prozess bei Ihnen am größten ist.

*Es wird dunkel.*

*Stille.*

## · SZENE 4

*Abendstimmung. Eine Szene aus ihrem Privatleben lange zuvor.*

SIE *sitzt am Tisch und trägt Formeln in ein Notizheft ein. Sie ringt offenbar um die Lösung eines Problems. Sie hat Kopfhörer im Ohr und trägt ein weites Hemd.*

ER *hat Sakko und Weste abgelegt, stellt sich hinter sie, legt seine Arme um sie, küsst sie in den Nacken, schiebt seine Hände unter ihr Hemd. Er wirkt etwas fahrig.*

*Sie verspannt sich zusehends.*
*Sein Blick fällt auf ihre Notizen.*

ER *(entziffert)* Phen-ethyl-piperidyl-propion-anilid. Derivat-MAI12C: Negativ.

SIE *(wehrt ihn ab)* Sag mal!

ER Was?! Sorry, ich weiß, ich soll meine Nase nicht in deine Formeln stecken. Ich dachte, es wäre was anderes. Ein Kuchenrezept oder so. Im Ernst. Das sieht genauso aus wie Omas Tortenheft. Normalerweise lässt du die Arbeit unten im Labor. *(dreht sie zu sich)* Ich schau schon weg. Hab nur noch Augen für meine sexy Ehefrau. *(schielt aufs Heft)* Phenethyl?

SIE *(schlägt das Heft zu)* Lässt du das jetzt sein?

ER Ist das nicht diese Designerdroge aus den Vereinigten Staaten?

SIE Stimmt. Ist aber keine Designerdroge, wird nur fälschlicherweise so bezeichnet. Ist ein synthetisches Opioid, das ursprünglich zur Therapie von schweren und chronischen Schmerzen entwickelt wurde. Und ja, bei missbräuchlicher Anwendung wirkt es stark euphorisierend. Fünfzig Mal stärker als Heroin. Hat zur sogenannten Opioid Krise in den Staaten geführt. Die Zahl der Toten geht in die Million. Kannst du dir das vorstellen. Die Kollegenschaft von drüben hat das akute Suchtpotenzial und vor allem eben die tödliche Wirkung nicht in den Griff bekommen. Damit arbeite ich. Also, daran, an der Wirkung, länger schon. Aber was halte ich dir Vorträge? Hat dich doch noch nie interessiert.

ER Das stimmt überhaupt nicht, außerdem ist das was anderes. Der Drogenmissbrauch auf dem Campus nimmt überhand. Zum Glück ist dieser Mist bei uns noch nicht im Umlauf, zumindest bislang.

SIE Wir haben andere Suchtmittelgesetze. Bessere Kontrollen.

ER Darüber habe ich vor kurzem sogar was in der Zeitung gelesen. Da ging's auch um diese Designerdroge. Zusammen mit dem Schweizer Sterbegift. Wie hieß das noch?

SIE *(zu schnell)* Pentobarbital. Wahrscheinlich. Ist allerdings kein Gift im herkömmlichen Sinn. Ist das Natriumsalz der Barbitursäure.

ER Genau, ja, darum ging's. Um das. Und noch was anderes. Im Zusammenhang mit irgendeinem Todesengel, der eine Selbstmordpille entwickelt haben soll. *Maiestol*, oder so ähnlich, heißt das Zeug. Haben sich wohl schon Hunderte damit selbst gekillt. Stell dir vor: soll sie angeblich völlig schmerzfrei und *glückselig* in den ewigen Schlaf wiegen. Nicht zu fassen. *Ein glücklicher Tod.* Haben den Kerl aber bislang nicht erwischt. Suchen verzweifelt nach Hinweisen. Ziemlich gerissenen, scheinbar.

SIE Aha. Und ein Mann also?

ER Nehme ich doch an.

SIE Stand das so in der Zeitung?

ER Äh, nein, nicht explizit. Die haben noch keinen Verdächtigen.

SIE Warum glaubst du dann, dass es ein Mann ist?

ER Bin davon ausgegangen. Das klingt alles ziemlich brutal.

SIE Brutal?

ER Frauen sind selten so kaltblütig.

SIE So?

ER Meinst du nicht? Müsste dich jedenfalls interessieren. Die chemische Zusammensetzung von dem Sterbemittel haben sie bis heute nicht entschlüsselt.

SIE Wahrscheinlich Derivate. Die Herstellungsprozesse sind mitunter kaum nachvollziehbar.

ER *Derivate* waren was noch mal?

SIE Modifizierte Stoffe mit einer ähnlichen chemischen Struktur.

ER Aber kannst du dir das vorstellen? Eine Selbstmordpille, die man im Internet bestellen kann? Einfach so. Der glatte Wahnsinn.

SIE Findest du, ja?

ER Schon. Oder? Du nicht? Da sind dem Missbrauch doch Tür und Tor geöffnet.

SIE Wahrscheinlich. Ja. Hab noch nicht darüber nachgedacht.

ER Nein? Zu Sterbehilfe und Suizid hast du doch eine sehr eindeutige Meinung. Vor allem: seit damals. Oder täusche ich mich?

SIE Seit damals? Seit damals?! Ist das dein Ernst? So gehst du jetzt damit um?!

ER Komm, bitte, nicht schon wieder.

*Stille.*

ER Ich finde das jedenfalls wahnsinnig fahrlässig. Je schneller man den Typen findet, desto besser. Hat das angeblich übers Internet vertrieben. Ich meine, das kann man ja weltweit überall beziehen. Was für ein Irrer. Den sollte man zwingen, seine Pille selbst zu schlucken, sobald man ihn fasst.

SIE *(reagiert, lenkt deutlich ab)* Wenn das jetzt doch das Tortenheft deiner Omi gewesen wäre, welches Törtchen würdest du dir denn dann wünschen?

ER Also, wenn du so fragst, würde ich mir grade jetzt, vor dem Schlafengehen, ein ganz anderes, besonderes, besonders geiles Törtchen wünschen. *(Sie kommen sich näher.)*

SIE Tatsächlich.

ER Und wie. *(küsst sie auf den Mund)*

SIE *(unterbricht den Kuss bemüht zärtlich)*

ER Schon wieder?

SIE Was, schon wieder?

ER Na, du wehrst mich doch ab, oder? Hältst mir die Karotte hin und ich Esel fall drauf rein.

SIE Ach, komm.

ER Was, ach, komm?! Es ist doch jedes Mal dasselbe. Das geht jetzt seit Jahren. Seit Jahren! Seit. Damals. *(kurze Stille)* Und als dann zu allem Überfluss noch dieser verfickte Lockdown begonnen und deine Firma dir das Labor im Keller eingerichtet hat. Da war es ganz aus. Du hast zu gar nichts anderem mehr Kopf. Und Lust.

SIE Du übertreibst. Das stimmt so doch gar nicht. Wir hatten vorigen Monat Sex.

ER Wenn du das so bezeichnen willst.

SIE Wie würdest du es denn bezeichnen?

ER Weiß nicht. Verzweifeltes Bemühen meinerseits und bemühte Verzweiflung deinerseits.

SIE Klingt ja schrecklich.

ER Klingt nicht nur, ist es auch.

SIE Und jetzt?

*Stille.*

ER Du willst doch bestimmt noch weiterarbeiten, oder?

SIE Wär das okay?

ER Klar, wär's okay. Was denn sonst. Wie wir wissen, gehör ich nicht zu den Männern, die dem Sex eine so essentielle Bedeutung beimessen. Gehst du später noch runter ins Labor? Amerikanische Leben retten?

SIE Nicht nur amerikanische.

ER Klar. *(auf dem Weg zu Tür)* Vergiss halt nicht, unseres auch hin und wieder zu retten.

SIE Autsch.

ER Sorry, war nicht so schlimm gemeint, wie es rüberkam.

SIE  Schon okay. Schlaf gut.

ER  Du auch. *(will gehen)*

SIE  Sag, *(bewusst beiläufig)* hast du den Artikel zufällig noch irgendwo? Über diesen Typen, diesen Sterbeengel?

ER  Kann sein. Warum?

SIE  Nur so. Interessiert mich. Hast du ja selbst gemeint. Klingt doch nach meinem Fachgebiet.

ER  Äh. Ja, werd gleich nachsehen. Leg's dir dann in die Küche. *(im Abgehen)* Lieb dich.

SIE  Ja.

*Es wird dunkel.*

*Stille.*

# · SZENE 5

*Zurück im Befragungsraum. Ein weiterer Tag.*

SIE *sitzt wie zu Beginn versteinert. Trägt wieder ihre Gefängniskluft.*

ER *hat die Weste übergestreift, seine Ärmel hochgekrempelt. Blättert in den Akten. Unterstreicht da und dort etwas.*

*Stille.*

ER *(blickt gar nicht hoch)* Wussten Sie eigentlich, dass der entscheidende Hinweis, der zu Ihrer Verhaftung führte, von Ihrem Mann kam?

SIE *(reagiert heftig)*

ER Tatsache. Tut mir leid. Er hat die Sonderermittler der Task Force informiert. Die Nummer von denen war ja groß in den Medien. Er hat allerdings nur den vagen Verdacht geäußert, Sie könnten dem wahren Täter zugearbeitet haben. Hat ausgereicht, würde ich sagen.

SIE  Sie lügen.

ER  Es spricht. Überraschung. *(kurze Stille)* Warum sollte ich lügen? Ach, um Sie zum Sprechen zu bringen? Indem ich Sie verletze? Das gehört nicht zu meinen Taktiken. Ich bevorzuge es, gar keine Taktik anwenden zu müssen. Ich bin hier, ich stehe hinter Ihnen, wenn auch aus reiner Pflichterfüllung, wir reden, oder auch nicht, ich studiere Ihre verdammten Akten, versuche mein Bestes, das war's für mich.

SIE  Mein Mann hat die Behörden informiert? Wie konnte er?

ER  Hat es wohl auch nicht mit seinem Gewissen vereinbaren können.

SIE  Aber. Er war dabei. Wir haben das zusammen durchgemacht. Die ganzen entsetzlichen Jahre. Das Dahinsiechen. Die Hoffnungslosigkeit. Die Ohnmacht. Das Ende. Sie ist in seinen Armen. Ist schließlich in seinen Armen. Gestorben. Stundenlang. Stunden nach ihrem letzten Anfall. Sie war noch so klein. Keine sechs Jahre. Wurde mit Sonden ernährt. Über Schläuche beatmet. Rundum Geräte mit schreienden Warnsignalen. Der Arzt hat sich geweigert, ihr noch mehr Morphium zu geben. Weil ja auch mein Mann. Dagegen war. Ich hab ihn angefleht. Meinen Mann. Den Arzt. Beide. Angebettelt, ihr doch mehr davon zu geben. Sie bekam ja keine Luft mehr. Konnte nicht mehr atmen. Konnte nicht mehr! Nur stoßweise. Mit unendlichen Pausen zwischen dem Atemholen. Ganz blau im Gesicht. Mein Mann konnte nicht loslassen. Konnte nicht. Hielt sie fest. Hielt sein Leben an ihr fest. Sie krampfte. Röchelte. Stöhnte laut. Zuckte. Starb. Unsere Tochter starb. Stundenlang. In seinen Armen. Wie konnte er?

*Stille.*

ER  Großer Gott.

*Stille.*

SIE  Seitdem nicht mehr. Kein Gott mehr. Nirgendwo.

ER  Das. Ich wusste das nicht. Mein. Es tut mir sehr leid. Aber wann? Wann war das?

SIE  Im Jahr vor der Pandemie.

ER Davon steht nichts in den Akten. Ich verstehe das nicht. Das müsste in den Akten vermerkt sein. *(sucht im Aktenstapel)* Das kann ich doch nicht übersehen haben. *(findet, liest)* Tatsächlich. Tochter verstorben. Nicht mehr. Es tut mir leid. Verzeihen Sie. Bitte.

*Stille.*

SIE Hat auch einen Vorteil. Sonst hätte ich Ihre wahre Meinung über mich wahrscheinlich nie erfahren. Wäre vielleicht blindlings in die Arme eines geschickten Rechtsverdrehers gelaufen, der mir womöglich noch Hafterleichterung beschert hätte.

ER Aber, klar, ja, das könnten wir erwirken. Das ist eine gute Idee. Diese Vorgeschichte, das müssen wir geltend machen, spätestens im Prozess, das wird vor Gericht helfen, Sie in einem günstigeren Licht ...

SIE Nein. Auf keinen Fall. Keine Hafterleichterung. Keine Manipulation des Gerichts durch rührselige Geschichten. Ich habe zigtausenden Menschen einen glücklichen Freitod geschenkt. Das war meine moralische und ethische Entscheidung. Mein freier und voller Wille. Das Sterben meiner Tochter hat damit nichts zu tun. Meine Forschung zu *Maiestol* geschah nicht getrieben oder beeinträchtigt von erlittenen Traumata, seelischen Schmerzen oder einem getrübten Bewusstsein. Hören Sie?! Das werden Sie denen sagen. Das können Sie der Presse erzählen. Dass ich bei klarem Verstand war und bin.

ER  Aber warum? Warum nur?

SIE  Weil sonst alle Bemühung umsonst gewesen wäre. Alles wofür ich gekämpft habe und immer noch kämpfe.

ER  Und was genau ist das?

SIE  Ein neues Bewusstsein für das Sterben. Einen Ausblick auf das Sterben als angstfreien, finalen Höhepunkt des Lebens. Als Hoffnung. Auf ein letztes Glück.

*Es wird dunkel.*

*Stille.*

# · SZENE 6

*ER steht am Rand des Raumes, hält den Ausdruck einer Zeitung in der Hand. Er hat sein Sakko wieder übergestreift.*

*SIE sitzt im Hintergrund an der Wand. Wie eine Angeklagte.*

ER *(liest ihr daraus vor)*
Leitartikel einer überregionalen Wochenzeitung im Zuge der aktuellen Berichterstattung zur Inhaftierung der *Sterbestifterin.*
Übertitelt mit: *Euthanasie-Morde Online.*
Ich zitiere auszugsweise.
Lässt sich der Konnex zu den Gräueltaten der NS-Zeit nur schwerlich leugnen. *(überspringt Zeilen)*
Mit Beginn 1933 wurden in Zusammenarbeit von Reichsinnenministerium sowie Reichspolizei Tötungsanstalten errichtet, neuartige Tötungsmittel erzeugt und ideologietreues Personal aus der Ärzteschaft und pharmazeutischen Forschung rekrutiert. *(überspringt Zeilen)*
Der Begriff *Euthanasie* stammt ursprünglich aus dem antiken Griechenland und bedeutet übersetzt: der gute, der schöne Tod. Von den NS-Ideologen eu-

phemistisch missbraucht, wurde er zum Überbegriff für die Ermordung von mehr als 250.000 vermeintlich unheilbar kranken oder schwer beeinträchtigten Erwachsenen und Jugendlichen, mindestens sogar 5000 Kindern. Die Tötungsmittel wurden bis 1945 auf direkte Veranlassung von Hitler systematisch verabreicht. *(überspringt Zeilen)*

Nicht zuletzt darum ist die leben- und menschenverachtende Vorgangsweise der *Sterbestifterin* – ein tödliches Präparat, ähnlich den Tötungsmitteln der Nationalsozialisten, herzustellen und frei zugänglich über das Internet zu vertreiben – aufs Schwerste zu verurteilen. Zahlreiche Berichte des Missbrauchs, insbesondere einiger einschlägig bekannter rechtsradikaler Gruppierungen, untermauern das erhebliche Bedrohungspotenzial, das von diesem neuartigen Sterbemittel ausgeht. Ganz zu schweigen von den mittlerweile belegten über Tausend Suizidfällen, die ursächlich darauf zurückzuführen sind. Die tatsächliche Opferzahl liegt nach wie vor im Dunkeln.

*Dunkel.*

*Stille.*

# · SZENE 7

*SIE sitzt allein im Raum der Kamera gegenüber. Sie aktiviert die Aufzeichnung über das Tablet und startet ihren Vlog. Die Aufnahme ihres Gesichts wird groß auf die Rückwand projiziert. Sie hat den Hoodie abgestreift und trägt einen weißen Laborkittel. Sie scheint mitten in ihrer Forschungsarbeit zu stecken.*

SIE Ich will einen glücklichen Tod ermöglichen. Ich will, dass der Ausblick aufs Sterben auch mit der Hoffnung auf ein befreiendes Gefühl, vielleicht sogar einen Höhenflug besetzt ist. Dass wir lernen dürfen, uns auf das Sterben auch zu freuen und es nicht nur voll erstickender Angst zu fürchten. Ich will, dass Sterben leicht wird. Und selbstverständlich. Denn das ist es: selbstverständlich. Was auch immer uns danach – *im Todesschlaf, von dessen Grenzen kein Reisender wiederkehrt* – bevorsteht.
Warum ist Sterben, vor allem selbstbestimmtes Sterben, immer noch ein so großes Tabu? Warum fällt es uns so schwer, darüber zu reden? Uns darauf vorzubereiten? Warum verdrängen wir es, schieben es möglichst weit weg aus dem Hier, aus der Zeit?

Das will ich ändern. Der freie Tod soll mitten ins Leben rücken.

Mein Sterbemittel soll frei und kostenlos für jeden Menschen zu beziehen sein. Egal, welchen Alters. Spätestens ab der Volljährigkeit. Egal, in welcher Verfassung, ob schwer krank oder komplett gesund, ob zufrieden oder deprimiert. Es soll jederzeit, überall auf der Welt erhältlich sein. Ohne Befragung, ohne jegliche Erklärungspflicht, einfach so, mit einem Ausweis, auf Verlangen.

Ich weiß, das wird euch zu denken geben. Manche von euch vielleicht sogar abstoßen. Andere mögen mich für verrückt erklären. Aber ich habe gründlich nachgedacht, lange mein Gewissen, mein Herz befragt. Und ich stehe dazu:

Das wäre wahre Menschlichkeit, wahre Humanität, Zeichen der wahren Hochkultur einer Spezies. Es würde uns alle endgültig erlösen.

Denn das Leben ist gütig: Es borgt sich uns voll Freude.

Und wir dürfen es – wann immer unsere Zeit gekommen ist –, ebenso gütig und voll Freude zurückgeben.

*Dunkel.*

*Stille.*

# · SZENE 8

*ER steht weit vorn. Er trägt ein Kollar im Hemdkragen.*
*Er spricht gemessen, sachlich, das Lodern im Inneren schwingt kaum hörbar mit.*
*Er spricht wie vor Gericht.*

*SIE sitzt wieder im Hintergrund, eine Angeklagte.*

ER Wir sprechen uns grundsätzlich und mit aller Deutlichkeit gegen jede Form der Sterbehilfe sowie des selbstbestimmten Sterbens, sprich des Suizids aus. Zum einen darf Leben nur von Gott allein gegeben und somit selbstverständlich auch genommen werden. Zum anderen treten wir mit aller Deutlichkeit für die Verantwortung des Staates, der Sozial-Gemeinschaft ein, das Leben des Individuums bis zur letzten Stunde zu schützen und lebenswert zu gestalten. Ob es sich dabei um einen physisch gesunden, mitten im Leben oder einen schwer erkrankten im hohen Alter stehenden Menschen handelt.
Der regional flächendeckende Ausbau von Palliativ- und Hospizreinrichtungen ist selbstredend progressiv voranzutreiben.

Als Sprecher der Bischofskonferenz darf ich somit in aller Prägnanz unseren eindeutigen Standpunkt zum vorliegenden Fall darstellen.

Wir vertreten geschlossen die Meinung, dass mit aller Schärfe des Rechts gegen eine Person vorzugehen ist, die eindeutig und unumstritten dem Sterben anderer Vorschub leistet, sie gewissermaßen anstiftet, ihnen die Hand zum Suizid reicht, ihnen den Tod und das vorzeitige Beenden des eigenen Lebens sogar versüßen will.

Eine Verführung zum Selbstmord widerspricht allen Prinzipien des Glaubens und der Gebote Gottes. Du sollst nicht töten. Wenn dieses eherne Gesetz fällt, verkommt der Mensch zum Tier. Töten, um des eigenen Überlebens willen. Denn was ist es in Wahrheit anderes als Tötung, wenn ich dem Leidenden die selbst erzeugte Todespille gebe, um mich selbst daran zu bereichern? Noch dazu – völlig absurd, wenn ich persönlich anmerken darf – mit der Verheißung eines *beglückten* Sterbens?!

Gehen Sie mit aller Härte des Gesetzes gegen diese *Chemikerin des Todes* vor. Unterbinden Sie jegliche Möglichkeit zur Nachahmung.

Sollte eine Verurteilung, als abschreckendes Mahnmal, misslingen, warnen wir ausdrücklich vor einem endgültigen Dammbruch mit der Folge einer unkontrollierbaren, weltweiten Suizidwelle. Hierzu gibt es keine Alternative.

Leben, Sterben und Tod liegen allein in der Hand Gottes.

*Es wird dunkel.*

*Stille.*

# · SZENE 9

*SIE steht mitten im Raum, in ihrer Kraft, aufrecht, kämpferisch. Sie trägt wieder ihren Hoodie.*

*ER sitzt, nun seinerseits ähnlich einem Angeklagten, hinter dem Tisch.*
*Er hat das Kollar abgelegt und trägt stattdessen wieder seine offene Krawatte und die Weste.*

SIE Ich höre nur Ihre Angst sprechen, Ihre Angst und Ihr kindliches Ich, voll von Elternstimmen, Ahnenstimmen, Pfarrerstimmen, Lehrerstimmen! Nicht ein Wort, das von Ihnen selbst stammt! Aus Ihrem reifen, mündigen, erwachsenen Denken. Aus Ihrem *eigenen* Denken. Nicht eins!

ER Hören Sie doch auf mit Ihrer Anmaßung. Sie kennen mich nicht. Wissen nichts von mir.

SIE Ich höre, dass Sie von Gott und Teufel reden, mein engagiertes Bemühen mit dem Euthanasie-Massenmord der Nazis vergleichen, in den hippokratischen Wahn-Chor der Ärzteschaft einstimmen: *Wir müssen das Leben erhalten, müssen das Leben erhalten.*

*Um jeden Preis, jeden Preis.*
*An die Maschine damit, an die Maschine.*
*Erlöse uns von der Schuld, erlöse uns von aller*
*Schuld!*

Die singen ihr Lied von Ethik und meinen Profit, die verschanzen sich hinter ihren Kommissionen, und in Wahrheit geht es um Macht und um ihr schlechtes Gewissen. Ein Gewissen, das immer noch von Kindermärchen und patriarchalen Heldenmythen stammt. Und dann, am Ende hängt es einzig und allein vom Wohlwollen eines solchen Arztes ab. Sein Wille bestimmt, was mit einem Leben geschieht. Sein Wille geschehe! Nicht umsonst nennt man sie *Götter in Weiß:* Richter über Leben und Tod. Und das verteidigen Sie? In diesen Chor stimmen Sie ein? Das erzählt so viel über Sie. Und stellt Sie eben jenen oberflächlichen Massen gleich, denen Sie behaupten nicht anzugehören.

Ein freier, selbstbestimmter Tod ist gut und groß, mutig und tapfer.

ER Hören Sie eigentlich, was Sie da reden?! Sie verherrlichen den Suizid. *Das* ist Wahnsinn, das ist Verirrung und, ja, bei oder ohne Gott, Sünde!

SIE Sich selbst zu töten, es zu vermögen, zu ent-

scheiden und entschieden zu handeln, ist die höchste, reinste Form des Menschseins. Und in vielen
Fällen, sofern es obendrein zum Wohl anderer geschieht, auch edelste Menschlichkeit.

ER  Was?! Es wäre also in Ordnung, wenn sich, nehmen wir als Beispiel, eine betagte, gebrechliche
Frau das Leben nehmen will – nur um es ihren Angehörigen leichter zu machen und weil sie glaubt
zu nichts mehr nütze und eine Last für alle zu sein?
Das wäre in Ordnung?! Ein solches Ansinnen sollte
nicht mit aller Kraft des Staates und der Pflegeein-
richtungen verhindert werden?!

SIE  Sofern es der eigene Wille dieser Frau ist, sie
aus freiem Herzen diesen Weg gehen will und niemand sie aus Eigennutz beeinflusst oder emotional
erpresst hat, dann ja, selbstverständlich wäre es
dann in Ordnung! Was bliebe ihr denn auch anderes
über?! Es reicht ja bei den gängigen Sterbeverfü-
gungen nicht aus, alt, erschöpft, lebensmüde oder
beeinträchtigt zu sein. Nur schwer und unheilbar
Kranken wird die Sterbefreiheit eingeräumt.
Es wäre also nicht nur *in Ordnung* von ihr. Es wäre
ein Akt voll Größe und Güte. Ihr letzter Dienst der
Liebe und Hingabe. Eine Erhöhung der Seele. Und:

Nein, es sollte vom Staat nicht nur nicht verhindert werden, es sollte, sofern es von der betroffenen Person ausdrücklich gewünscht wird, unterstützt, ermöglicht, erlaubt, ja, sogar gefördert werden.

ER Sie sind ja wirklich nicht bei Trost. Sind besessen. Völlig verrückt und irr. Ich tue mir das nicht länger an. Aus. Ende. Es ist vorbei. Ich übergebe mein Mandat einem Kollegen. Hätte ich von Anfang an tun sollen. Jedes weitere Wort mit Ihnen erübrigt sich. *(will entschieden den Raum verlassen)*

SIE Wie könnte es auch anders sein? Wie habe ich auch nur einen Moment annehmen können, Sie würden wenigstens ein bisschen davon begreifen? Verblendet, verbohrt, taub und gefühllos gemacht durch Jahrhunderte der Entfremdung vom eigenen Selbst.
Versetzen Sie sich doch einen Augenblick, nur einen winzigen Augenblick lang, in die Lage eines solchen Menschen, eines Menschen mit echtem Todeswunsch. Die tägliche Not zu atmen, ernährt, gewaschen, gesäubert zu werden, die unendlichen Stunden der Ohnmacht, der Untätigkeit, der Gefangenschaft im eigenen Körper. Schaffen Sie das? Schaffen Sie irgendetwas, das einen kleinen Schritt

über Ihre panische Angst und Ihren erbärmlichen Egoismus hinaus reicht?! Schaffen Sie einen Moment von wahrer Liebe und Güte?!

In diesem schmerzlichsten Augenblick unseres Lebens, an der absoluten Grenze des Erleidbaren, werden wir von allem und jedem im Stich gelassen.

*(Kurze Stille. Er steht im Hintergrund.)*

Irgendwann sind wir falsch abgebogen, verstehen Sie?! Irgendwann wurde aus der Vorstellung eines friedlichen, erlösenden Hinscheidens das entsetzliche Damoklesschwert, das unser aller Leben tagein, tagaus bedroht. Die tödliche Angst. Geschürt durch die tausendfachen, täglichen Abbildungen in Nachrichten, Filmen, Erzählungen. Die Vorstellung eines grausamen, schmerzhaften, panischen Todes. Jenes Todes, der mit aller Macht verhindert werden muss. Der nicht sein darf. Den wir nicht denken, nur ja nicht fühlen wollen, dem wir ausweichen müssen, der uns zwingt, uns zu verteidigen, jeden zu bekämpfen, zu vernichten, jeden, der ihn uns bringen könnte. Nur nicht sterben. Nur nicht sterben! Nur nicht eintreten müssen in dieses letzte, endgültige Reich des Leids.

Daher all der Wahn. Daher die Kriege. Töte, bevor du selbst, deine Lieben, dein Land, dein Glaube getötet werden. Töte. Kämpfe. Unterwerfe. Daher all die Religionen, mit all den abstrusen Vorstellungen eines Jenseits, das uns schließlich doch Erlösung bringen soll, dann, danach, wenn der schreckliche Tod endlich hinter uns liegt. Wenn das Gespenst, das Monstrum uns im grässlichen, letzten Kampf besiegt und vernichtet hat. Dann das Himmelreich.

Und jetzt soll der Tod plötzlich *Glück* bedeuten. Was für ein Sakrileg! Wo wir doch unsere gesamte Existenz um das *Unglück* des Todes aufgebaut haben. Das darf nicht sein, nein!

Der Tod darf nicht glücklich und leicht werden, niemals!

Also: Auf den Scheiterhaufen mit der Hexe!

*Es wird dunkel.*

*Stille.*

## · SZENE 10

*ER ist allein im Raum, sitzt am Tisch oder geht, steht*
*mit einigen Ausdrucken in der Hand.*
*Er liest laut, zu sich, wie vor Gericht oder laufender*
*Kamera.*

ER Auszüge aus dem offenen Forum der Internetplattform *letztes-glueck.com*:

Eine Palliativpflegerin schreibt:
Nach vielen Jahren der Sterbebegleitung im Hospiz
sind mir die Schrecken und auch das Leid des Sterbens hunderte Male vor Augen gestanden. Ich habe
leichte und schwere Tode erlebt, schnelle und schier
nicht enden wollende, schmerzhafte und schmerzlo-
se. Ich habe vielerlei Sterbende gesehen: dankbare
und zornige, traurige und hoffnungsvolle, von lie-
benden Anverwandten umsorgte und einsame, verzweifelte. Aber immer waren wir da. Immer waren
wir Pflegerinnen und Pfleger bei ihnen. Zusammen
mit den Ärzten. Gute Menschen, gütige Menschen,
sanfte Menschen. Mit wenigen Ausnahmen. Wir waren und sind da. Und das Sterben behält seine Würde.
Niemand muss voll Schmerzen gehen. Wir verfügen
über starke und wirksame Medikamente, die auch

die schwersten Schmerzen, Spasmen, Atemnöte lindern. Die ein sanftes Einschlafen ermöglichen. Es braucht keine anderen Sterbemittel. Niemand muss einen Leidensweg gehen. Niemand muss allein gehen. Wir lassen niemanden im Stich. Das Leben wird bis zum Ende behütet und gewürdigt. Dafür stehen wir.

Eine junge Frau, anonym, schreibt:
Den Augenblick, als mein geliebter Vater vor nunmehr zwei Jahren von uns gegangen ist, werde ich niemals vergessen. Seine Krankheit war schwer und dauerte lang. Ich will gar nicht näher darauf eingehen. Er hat gelitten. Und wir, wir alle, seine Familie, haben mit ihm gelitten. Schließlich wollte er nicht mehr. Er hat uns gebeten, ihm zu helfen, ihn gehen zu lassen. Wir konnten uns das zuerst gar nicht vorstellen. Wir wehrten uns, saßen stundenlang zusammen und diskutierten, redeten wieder und wieder auf ihn ein. Bis er uns schließlich unter Tränen geradezu anflehte, seinem Wunsch nachzugeben. Dann wussten wir erst nicht weiter. Unser Hausarzt, ein alter Freund meines Vaters, hatte schon beim Aufkommen des Themas geäußert, nichts damit zu tun haben zu wollen. Wir machten uns also auf die Suche nach Hilfe. Damals gab es auch noch keine Op-

tion auf eine Sterbeverfügung. Es war eine weitere Tortur für uns alle. Vor allem natürlich für meinen Vater. Als schließlich eines unserer Familienmitglieder – ich will jetzt gar nicht sagen, wer – mit *Maiestol* ankam und uns von dieser Plattform im Netz berichtete, ging eine Welle der Erleichterung durch unsere Familie. Mein Vater blühte für einige Tage förmlich auf bei der Aussicht auf baldige Erlösung. Also legten wir gemeinsam einen Tag fest. Schworen einander Geheimhaltung. Unser Hausarzt war zuletzt immerhin mit der Bescheinigung eines akuten Herzversagens einverstanden, wenn wir ihn danach zu uns rufen sollten. Wir verabschiedeten uns der Reihe nach von meinem Vater, standen im Kreis um sein Krankenbett im Wohnzimmer meines Elternhauses, hielten seine Hände, ich hielt ihn umarmt, meine Mutter war ja bereits ein Jahr zuvor verstorben, und schließlich nahm mein Vater das Sterbemittel ein. Was dann geschah, war wie ein Wunder. Innerhalb weniger Minuten lösten sich seine Gesichtszüge. Er, dessen Gesicht so lange Zeit wie verzerrt vom täglichen Leid war, strahlte uns plötzlich mit roten Wangen und fröhlichen Augen an. Er richtete sich auf, lächelte, sagte, dass seine Schmerzen plötzlich wie verflogen wären, versicherte uns, mit viel festerer Stimme als zuvor, seiner

Liebe, küsste uns reihum, bedachte uns mit letzten, liebevollen Worten, legte sich zurück aufs Kissen, entspannt, friedlich und schlief nach wenigen weiteren Minuten ohne ersichtliche Beschwerden ein. Kurze Zeit später sahen wir, dass sein Herz und sein Atem zum Stillstand gekommen waren. Es war so still, wie ich es nie zuvor erlebt habe. Leise Tränen liefen uns über die Wangen, wir fassten uns an den Händen, umarmten uns, küssten sein Gesicht, seine Hände und deckten zuletzt mit dem Leintuch sein Gesicht ab. *Maiestol* hat ihm – und uns allen – auf völlig verdrehte, verkehrte Weise, irgendwie das Leben gerettet.

Ein älterer Mann, ebenso anonym, schreibt:
Sie haben mir das Leben genommen. Ich habe alles getan für meine Frau. Bis zuletzt. Und das war gut so. Ich wollte es so. Ich war bereit, da zu sein für sie. Ich habe sie so geliebt. Ich hätte noch Jahre durchgehalten. Als die Demenz kam, kam auch ihre Depression. In kurzer Zeit – tatsächlich waren es Jahre, aber es kam mir so kurz vor – verschlechterte sich ihr Zustand. Die Phasen, in denen sie real anwesend war, wurden kürzer und kürzer, und je kürzer sie wurden, desto heftiger wurde in genau diesen Phasen ihre Verzweiflung. Bis es bald nur noch das eine oder das andere gab: die Demenz oder die Depression.

Trotzdem – ich war da. Ich war bei ihr. Wir hatten uns etwas angespart in den Jahren davor und unser Pensionsgeld war ausreichend. Ich brauchte keine Pflegerin für sie. Ich war ja da. Rund um die Uhr. Und es ging mir gut damit. Ich liebte sie. Mehr als alles andere. Mir fehlte nichts. Solange ich nur bei ihr war, solange ich sie bei mir haben durfte. Doch dann, eines Morgens, wachte ich auf und sie lag tot neben mir. Auf ihrem Nachttisch eine kleine, leere Medikamentendose mit einem Aufkleber: *Maiestol.* Daneben ein Zettel mit ein paar handgeschriebenen Worten: *Ich gehe jetzt. Es ist ganz leicht. Ich liebe dich. Danke. (Stille.)* Sie war fort. Und ich schrie. Schrie so laut und so lang bis die Nachbarn kamen und die Rettung riefen und ein Arzt mir etwas spritzte. Dann schlief auch ich ein. Aber ich wachte wieder auf. Jeden Morgen wache ich wieder auf. Und das ist schrecklich. Schrecklich. Irgendwann habe ich im Internet nachgeforscht und diese Seite gefunden. So bin ich auf Sie gestoßen. Sie haben ihr das Leben genommen. Ihr. Und mir. Ich hoffe, Sie kriegen lebenslänglich. Sie Mörderin.

*Dunkel.*

*Stille.*

# · SZENE 11

*SIE kauert allein in einer Ecke. Verschwindet beinah in dem kalten, düsteren Raum. Sie ist klein, außer sich, wie entrückt. Sie trägt Unterwäsche.*

SIE Geh doch! Geh weg! Verschwinde! Du dummes, blindes Arschloch! Geh! Lass mich allein! Bevor dein krankes Herz dich restlos ausspuckt aus dem Dasein! Dir ist doch sowieso alles egal. Wie all den anderen auch. Egal. Das Leben, der Tod, die Schwestern, die Brüder, die Kinder. Ist doch alles scheißegal. Ihr schustert euch doch alle immer und immer wieder jeden Dreck zurecht. Biegt euch das Krumme gerade. Das Verlorene stopft ihr hinein in die Zwangsjacke der Hoffnung. Dass es euch nur nichts angeht, dass euch nichts mehr irgendetwas angeht, dass euch alles meilenweit am Arsch vorbei geht. Ihr kalten Lügenfratzen allesamt. Lasst uns doch sterben. Lasst uns doch mit diesem erbärmlichen Tod allein. Ich schaffe das schon. Ich werde das allein schaffen. Notfalls werde ich schreien, vor Gericht, einfach schreien, stundenlang, mich auf den Tisch werfen, auf dem Boden wälzen, mich übergeben in den Schoß des Staatsanwaltes, auskotzen, vor lauter Geschrei, bis du dein Recht hast, bis sie mich wieder abführen, bis sie mich niederspritzen müssen und irgendwohin wegsperren, wo nur solche wie ich sind, solche, die einmal glaubten, spürten, sahen, die einmal tatsächlich etwas zu hoffen wagten, das uns hätte retten können, uns alle heilen, wo es nur noch solche gibt wie mich, die aus der Schuld, die den Weg aus dem verfickten, hässlichen Abgrund Schuld nicht mehr zurück gefunden haben. Die tot geblieben sind. Mit all den toten Geliebten mitverstorben sind. Die erst gar nicht geboren, sondern ins Leben hineingestorben wurden. Von Beginn an. Vor Beginn bereits Verlorene, tot Geborene, tot Gelebte. Geh du Arsch! Geh endlich! Hau ab! Verschwinde aus meinem Rest von Leben. Verdammte Scheiße! Lauf zu ihr, lauf doch zu deiner neuen großen Liebe, verpiss dich und lass dich, verdammt nochmal, endlich scheiden von mir!

*Dunkel.*

*Stille.*

# PAUSE

· TEIL 2

*ER sitzt am Tisch. Er trägt jetzt einen Rollkragenpullover und eine Hornbrille. Er ist ein anderer.*

*SIE sitzt ihm gegenüber. Ihr Blick, die Starre, ist weich geworden.*

ER *(sachlich)* Wir haben Ihnen in den vergangenen Tagen geringe Dosen eines Benzodiazepins verabreicht, Sie haben dieser Schutzmaßnahme freiwillig zugestimmt, ich darf nun einige Fragen an Sie richten, sind sie damit einverstanden?

SIE *(bleibt bewegungslos)*

ER Ihr Anwalt hat das Ersuchen eingereicht, Sie vorerst nicht in einen Trakt für geistig abnorme Rechtsbrecherinnen zu verlegen. Von Ihren Antworten wird es nun abhängen, ob ich dieses Ersuchen befürworten kann oder nicht. Können Sie dem soweit folgen?

SIE *(nickt scheinbar)*

ER Gestatten Sie mir ein persönliches Wort. Ein Fall

wie Ihrer ist mir in meiner langjährigen Tätigkeit als Gerichtspsychiater noch nicht untergekommen. Ich empfinde zugleich Mitgefühl, ja, sogar etwas wie Bewunderung für Sie, aber auch, verzeihen Sie, Abscheu. Das macht es mir ungemein schwer, objektiv zu urteilen. Natürlich werde ich mich nach besten Kräften um eine neutrale Position bemühen. Sollte sich herausstellen, dass ich zu voreingenommen bin, werde ich eine erfahrene Kollegin hinzuziehen. Gut. Also. Sind Sie sich Ihrer Lage bewusst?

SIE *(blickt ihn unverwandt an)*

ER Darf ich Sie um klar verständliche, verbale Äußerungen ersuchen?

SIE *(spricht etwas verlangsamt, eher tonlos)* Ja.

ER Ja, Sie sind sich Ihrer Lage bewusst oder ja, Sie werden sich verbal äußern?

SIE Beides.

ER Wie würden Sie also Ihre Lage beschreiben?

SIE Man hat mich gefasst. Mein Mann hat mich

verraten. Ich befinde mich in Untersuchungshaft einer staatlichen Vollzugsanstalt. Ich bin angeklagt wegen *Herstellung und Vertrieb eines synthetischen Opioids mit letaler Wirkung, weiters wegen strafbarer Sterbehilfe sowie Anstiftung zur Massenselbsttötung*. Ich bin dem Gesetz nach schuldig. Letzte Woche hatte ich einen Nervenzusammenbruch. Eine manisch hysterische Episode. Deshalb hat man mir Diazepam verabreicht. Ich habe eingewilligt. Dann habe ich schlafen können. Seit langem. Genügt das?

ER  Das genügt. Und wie geht es Ihnen heute?

SIE  Wie gestern auch.

ER  Beschreiben Sie es.

SIE  Ich friere.

ER  Äh, wollen Sie meine Jacke?

SIE  Ich habe eine Decke. Danke. Das hilft nicht. Es ist einfach immer kalt. Innen.

ER  Weiter.

SIE Ich bin mir bewusst, dass ich in den Augen vieler Menschen ein schweres Verbrechen begangen habe. Ich weiß auch, andere sehen das Gegenteil. Dass ich helfen wollte. Weil so viel im Argen liegt. In dieser Welt. Weil wir so grausam sind. Wir Menschen. So voller Angst. Alle. Ich wollte, dass es besser wird.

ER Erzählen Sie mehr davon, wie Sie sich fühlen.

SIE Allein. Enttäuscht.

ER Enttäuscht? Von wem?

SIE Die Täuschung ist weg. Ich habe gedacht, etwas gelingt mir. Etwas Wichtiges. Zumindest etwas mehr davon. Da habe ich mich wohl getäuscht. Jetzt bin ich enttäuscht. Und traurig.

ER Traurig, so, worüber?

*Stille.*

SIE Dass ich ihnen nicht helfen konnte. Meiner Tochter. Meinem Mann. Zum Glück sind meine Eltern schon tot.

ER Empfinden Sie Schuld?

SIE Was denken Sie?

ER Was denken *Sie*?

SIE Ja. Schuld, ja.

ER Was noch?

SIE Ohnmacht.

ER Sind Sie auch wütend?

SIE Nicht mehr. Nein. Glaube ich.

ER Stellen Sie für andere oder sich selbst eine Gefahr dar?

SIE *(lacht leise auf)* Nein. Ich habe niemals jemandem Gewalt angetan und ich werde niemals jemandem Gewalt antun. Ich achte nichts so sehr, wie die Freiheit und Würde jedes Menschen. Helfe, heile, erlöse. Das ist mein Schwur. Von Anfang an. Darum habe ich meinen Beruf gewählt. Oder er mich.

ER Und für sich selbst? Stellen Sie für sich selbst eine Gefahr dar?

SIE Wie könnte ich? Wenn ich jetzt aus dem Leben gehe, wäre doch alles umsonst gewesen. Nein. Ich werde kämpfen, mich wehren, mich verteidigen und erklären, bis zum Schluss. Tag um Tag. Jahr um Jahr. Bis mir die letzte Kraft ausgeht.

ER Gut. Das reicht mir. Ich möchte Sie nicht länger, nicht unnötig strapazieren. Ich werde mich für Sie verwenden. *(Er beugt sich vor, bedeckt mit der Hand die Mikrofone, spricht leiser.)* Eines noch.

SIE Ja?

ER Es ist mir peinlich. Meine Frau. Sie ist schwerkrank. Seit langem. Sie hat mich gebeten, Sie zu fragen. Besteht eine Chance? Ich meine, ist es noch irgendwo erhältlich?

*Dunkel.*

*Stille.*

*Nacht.*

*SIE hockt allein in einer Ecke des Raums.*
*Die Kamera ist aktiviert. Das Bild wird auf die Rückwand projiziert.*
*Es wirkt jetzt, als stamme das Bild von einer Überwachungskamera.*

SIE Es tut mir so leid. So leid. So leid. Hörst du, bitte, hör mich. Irgendwo bist du doch noch. Etwas von dir. Wenigstens. Ich habe dich nicht retten können. Ich war nicht in der Lage. So viele Monate lang blieb mir nichts über, als so oft wie möglich bei dir zu sein, mit dir zu sprechen, wenn du in der Lage dazu warst, mich zu fürchten, mich zu verkriechen vor mir selbst, mir die Ohnmacht mit Glauben zu nehmen, die Hoffnung zum Schutzpanzer zu machen. Immer wieder hoffen, hoffen, glauben, dann erneut fürchten, verzweifeln, dann wieder hoffen, glauben. All die Mühe, all die Arbeit der vielen Jahrzehnte, all mein Können und Wissen, meine Erfahrung, für nichts. Kein Mittel, dich zu heilen. Keine Medizin. Versagt. Ich habe versagt. An dir. Wie man als Mensch nur versagen kann. Das eigene

Kind so früh zu beerdigen führt alles ad absurdum. Alles. Nichts hat Bestand. Nichts bleibt. Nirgendwo. Nicht mal die Furcht.

*Dunkel.*

*Stille.*

# · SZENE 14

*SIE sitzt auf dem Sessel, der nun im Vordergrund vor dem Tisch steht. Eine Szene im Innenhof, vielleicht, ein Freigang, jedenfalls ein Ausblick.*

*ER steht hinter ihr, wieder mit Sakko, Weste und Hemd.*

ER *(legt behutsam seine Jacke über ihre Schultern)* Sie zittern ja.

SIE Wollten Sie mich nicht verlassen?

ER Sie meinen, mein Mandat abgeben.

SIE Mich verlassen. Wen habe ich denn sonst noch?

ER Nun, Sie wissen, Sie könnten andere haben, etliche andere sogar.

SIE *Sie* sind ja da.

ER Stimmt.

*Stille.*

SIE Warum?

ER Hm?

SIE Warum haben Sie Ihre Meinung geändert?

*Stille.*

ER *(holt den anderen Sessel und setzt sich an ihre Seite)* Habe ich nicht.

SIE Warum dann?

ER Aus Furcht.

SIE Furcht? Dass ich über Sie komme, als Gespenst in den Nächten und mich räche an Ihnen, ja? *(lacht)*

ER *(lacht mit ihr, dann, nach einer Stille)* Aus Furcht, ich könnte mich vielleicht vergehen, am Leben, wenn ich nicht an Ihrer Seite stehe.

SIE *(schaut ihn an, direkt, wie noch nie)* Also, doch, Ihre Meinung geändert?

ER Nein und ja, zum Teil. Ich kann es mir nicht genau erklären. Erinnern Sie sich noch an unser erstes oder zweites Aufeinandertreffen? Ich habe Ihnen damals erzählt, dass ich vor langer Zeit dem Leitsatz gefolgt bin, dass jeder die beste Verteidigung verdient. Ich habe mein Bestes zum letzten Mal vor vierundzwanzig Jahren gegeben. Verstehen Sie? Vierundzwanzig Jahre. Ich weiß gar nicht, wie man in meinem Beruf über so lange Zeit ohne jegliche Überzeugung bestehen kann. Und letzte Woche, nachdem ich Sie in Ihrer ganzen Verzweiflung erlebt habe und auch nach allem, was Sie mir erzählt haben, Ihre Beweggründe, Ihre Überzeugungen, Ihr, ja, Ihr Glaube, da war mir schlagartig klar: Ich darf mein Berufsethos nicht länger verraten. Ich werde und ich will *Ihnen* mein Bestes geben. *(kurze Stille)* Vielleicht ist der banale Grund aber auch, dass ich in Wahrheit genauso verzweifelt bin wie Sie. Dass mir auch nur noch eine Chance für mein Seelenheil bleibt. Diese.

SIE *(legt ihre Hand auf seine, dann, nach einer Stille)* Dann brauche ich doch einen anderen Anwalt.

ER Wie bitte?

SIE So komme ich doch nie zu einem kurzen Prozess. *(beide lächeln, dann, nach einer Stille)* Und was nun?

ER Nun, retten wir die Welt. Zumindest unsere.

*Es wird dunkel.*

*Stille.*

# · SZENE 15

*SIE sitzt, wieder allein, im Laborkittel der Kamera*
*gegenüber.*
*Sie bedient sie über das Tablet und startet ihren*
*Vlog.*
*Die Aufnahme wird auf die Rückwand projiziert.*

SIE  Ein User hat eine Frage gestellt, die ich gern be-
antworten will. Er fragt: Jemand steht auf der Brüs-
tung des obersten Stockwerks eines Hochhauses.
Diese Person will in den Tod springen. Würden Sie
seelenruhig zuschauen und sie springen lassen?
Hier meine Antwort:
Nein. Ich würde versuchen, dieser Person klarzu-
machen, dass es ein schrecklicher, grausamer, unsi-
cherer Tod wäre. Es könnte misslingen. Sie könnte
schwerste Verletzungen und Behinderungen davontragen, trotzdem vielleicht überleben und nach ewig
langen Zwangs-Aufenthalten in geschlossenen psy-
chiatrischen Anstalten, Jahre traumatischen Dahin-
siechens durchleiden müssen. Ich würde versuchen,
mit der Person zu reden, um ihre Klarheit und Ent-
schiedenheit zu überprüfen, um sie vielleicht doch
zurück zum Leben führen zu können. Ich würde ihr
Alternativen aufzeigen wollen, Therapie, Pflege,

Freundschaft, Perspektiven. Ich würde dringend versuchen, Experten für solch ein Gespräch hinzuziehen. Aber: Ich würde jeden dieser Schritte unter Wahrung des höchsten Respekts und der Achtung und Würdigung der Person vor ihrer Entscheidung eingehen. Sollte sie in ihrer Entscheidung unerschütterlich bleiben, würde ich in meine Manteltasche greifen und ihr das Mittel schenken. Dafür habe ich es schließlich gemacht. Um Leid zu lindern. Das letzte, wertvollste Heilmittel, das es je gegeben hat. Es befreit von der Krankheit Leben.
Wenn das Leben zur Qual geworden ist.

*Es wird dunkel.*

*Stille.*

## · SZENE 16

*ER steht im Vordergrund und hält einen handge-*
*schriebenen Brief in der Hand.*

*SIE sitzt im dunklen Raum dahinter.*

ER *(liest vor)* Ich war ein Vater. Ich hatte einen
Sohn. Ich habe ihn viele Jahre allein großgezogen.
Zur Sommersonnwende 2019 hat mein Sohn sich
das Leben genommen. Er hat sich bei Sonnenauf-
gang von der Aussichtsplattform unseres städti-
schen Hausberges zweihundert Meter in die Tiefe
gestürzt. Ich konnte seine sterblichen Überreste
nicht mehr sehen. Sein Körper war zu deformiert,
zu zerstört.
Dieser Tat ging ein zweieinhalbjähriger Leidensweg
voraus. An seinem achtzehnten Geburtstag machte
bei einer Hüttenparty, auf einer der naheliegenden
Almen, unter anderem Amphetamin die Runde. Er
konsumierte diese Pillen und fiel daraufhin in eine
sogenannte drogeninduzierte Psychose. Er litt an Re-
alitätsverlust und Halluzinationen, fiel in eine tiefe
Depression, begann Stimmen zu hören, die ihm zu-
flüsterten, dass die Zeit zu gehen gekommen wäre.
Dies ließ dem behandelnden Arzt schließlich keine

andere Wahl, als meinen Sohn in eine geschlossene psychiatrische Einrichtung einzuweisen. Er hat sich dagegen, im wahrsten Sinn des Wortes, mit Händen und Füßen gewehrt, aber das hinzugezogene Exekutivorgan duldete offenbar keine Gegenwehr, sprich, mein Sohn wurde mit blanker physischer Gewalt hinter Schloss und Riegel der Irrenanstalt verbracht. Davon erfuhr ich erst sehr viel später. Bei der Anstalt handelte es sich im Übrigen um ein damals 140 Jahre altes Gebäude, das in der Nazi-Zeit ein Zentrum der *Euthanasie* war.

Was danach folgte, will ich nur kurz umreißen.

Mein Sohn ist gewissermaßen von dieser Hüttenparty anlässlich der Feier seiner Volljährigkeit nie mehr zurückgekehrt. Er wurde nie mehr der, der er davor war: leuchtend, aufrecht, klug, begabt, wunderschön. Er verkam zum Schatten seiner selbst, der sich mit Tag und Monat immer noch mehr verdunkelte. Schwerste depressive Phasen, derer kein Medikament Herr werden wollte, wechselten sich ab mit Wochen voll relativer Hoffnung und scheinbarer Genesung, bevor ein weiterer Rückfall ihn erneut niederzerrte ins Dunkel, in die Nähe und schließlich wachsender Sehnsucht nach dem Tod. Ein weiterer Aufenthalt in der Psychiatrie machte alles nur noch schlimmer.

Der Anstaltsleitung unterlief scheinbar ein fataler Fehler. Er bekam sein Bett neben einem abnormen Schwerverbrecher zugewiesen, dem eines Tages von einem Besucher eine geladene Waffe zugespielt wurde, mit der er die Insassen und auch das medizinische Personal terrorisierte. Es wurde zwar niemand verletzt, doch das erneute Trauma verstärkte das Leid der Opfer. Es kam nicht mal zu einer Strafverfolgung. Es wurde, der späteren Erzählung meines Sohnes nach, heruntergespielt, vertuscht. Bis heute weiß ich nicht, ob es real war oder einer weiteren seiner Psychosen entsprang. Auch von den Drogen kam er nie mehr weg. Keine Therapie half, kein Spezialist, kein Reha-Aufenthalt, nicht seine Freunde, nicht seine Familie, niemand konnte helfen. Ich konnte ihm nicht helfen. Das war das Schlimmste: die Ohnmacht. Die Episoden in denen er seinen Todeswunsch zu äußern begann, häuften sich. Wir stellten ihn unter Aufsicht einer sich rund um die Uhr abwechselnden Gruppe von Freunden und Verwandten, zumindest jene, die er noch in seine Nähe ließ.

Irgendwann verstummte sein Todeswunsch nach außen hin, während er in seinem Inneren wohl immer lauter zu schreien begann. Mein Sohn gab sich zusehends wieder normal, schien kontrolliert, schien neuen Mut gefasst zu haben, es wirkte, als hätte ein gefasster Plan für seine Zukunft ihm Zuversicht geschenkt. Hoffnung keimte in seinem Umfeld erneut auf. Wir glaubten alle, die Krise wäre schließlich doch überwunden.

Bis die Sommersonnwende kam.

Er war wie so viele Abertausende andere schließlich gezwungen, einen schrecklichen letzten Weg zu gehen. Grausam, schmerzhaft, unvorstellbar. Nicht zuletzt für alle Hinterbliebenen, die sich seines Todes nicht mal vergewissern konnten, indem sie ihn noch einmal sehen, noch einmal berühren durften. Wer einen nahen Menschen verloren hat, der weiß, wie viel es bedeutet, sich bei der alles überwältigenden Tragödie wenigstens vom Leichnam verabschieden zu können. Wenigstens das. Ein letztes: Auf Wiedersehen. Ein letztes: Komm gut heim.

Hätte es damals für ihn doch Ihr Sterbemittel gegeben. Hätte er es bloß auf irgendeine Art beschaffen können. Wäre ihm dieser Weg doch freigestanden. Wären wir alle doch nicht so schrecklich verbohrt, verblendet, unterentwickelt. Hätte sich doch irgendein höheres Wesen seiner erbarmt.

Wenn ich mir vorstelle, mein Sohn hätte diese Welt leichter, ja sogar mit einem letzten Gefühl von Freude und Glückseligkeit verlassen dürfen, es wäre wohl nicht so viel meiner Selbst mit ihm gestorben.

Danke! Für Ihren Mut, Ihre Aufopferung, Ihr Engagement im Kampf für ein würdevolles Sterben, für einen neuen Umgang mit dem Tod und letztlich: dem Leben.
Halten Sie durch. Geben Sie nicht auf.
Es sind Legionen, die hinter Ihnen stehen.
Ich danke Ihnen, wie ein Mensch einem anderen Menschen nur danken kann.

Hochachtungsvoll,
ein Mann, der ein Vater war.

*Es wird dunkel.*

*Stille.*

# · SZENE 17

*SIE und ER im Raum stehend, gehend, mitten im Diskurs.*

SIE  Wenn ein Mensch in der Lage ist, in einen Laden zu gehen, um sich *Maiestol* zu besorgen und es dann noch einzunehmen, dann ist es ihm auch zugestanden.

ER  Auch, wenn Jugendliche das tun?

SIE  Jeder von uns wird in diese Welt geworfen, ohne die Wahl gehabt zu haben. Also darf man auch wieder gehen. Egal, wann und, ja, gewissermaßen einfach so, ohne dass hunderttausend Menschen aufschreien oder ein großes Trara darum machen.

ER  Ein großes Trara darum machen?! Also, manchmal bist du wirklich nicht bei Trost. Wie eine Wahnsinnige. Das geht doch gar nicht. Ich bitte dich! Man muss doch wenigstens Grenzen beim Alter ziehen. Die Volljährigkeit ist das absolute Minimum. Sonst ermutigst du auch noch jüngere Menschen. In Zeiten von K.-o.-Tropfen und frei im Netz erhältlichen Suchtmitteln ist das doch nur der nächste Schritt.

Nicht auszudenken. Also, wirklich, manchmal wird mir richtig schlecht bei dem, was du von dir gibst. Es geht immerhin um ein Menschenleben.

SIE Natürlich. Aber um das Menschenleben eines *anderen*. Ein Leben über das die Hoheit allein dem zusteht, dem es gehört. Findest du nicht? Wem gehört dein Leben? Doch wohl dir, oder nicht? Also darfst du damit anstellen, was du willst. Wusstest du übrigens, dass *Maiestol* vom lateinischen Wort *maiestas* abstammt? Schien mir passend: Erhabenheit, Hoheit, Würde.

ER Sobald also jemand geistig, seelisch, emotional und körperlich dazu in der Lage ist, hätte diese Person auch das Recht, das zu tun? Egal, wie alt sie ist? So meinst du es?

SIE Genau so. Intelligenz und Weisheit oder auch Leidenserkenntnis haben ja nichts mit dem Alter zu tun. In Wahrheit ist es doch keine Frage des Alters, sondern der Geistes- und Herzensbildung. Eine Frage der Mündigkeit. Und wer könnte die beurteilen? Welch Mündiger welche Mündigkeit ermessen? Jugendliche können ebenso weit entwickelt sein, wie erwachsene oder betagte Menschen. Denk doch an Verwandte oder Bekannte in deinem Alter. Wie viele geistig Unentwickelte kommen dir da in den Sinn? Die meisten Erwachsenen sind alt gewordene Kinder.

ER  Sehr zynisch.

SIE  Aber wahr.

ER  Wenn ich das also richtig verstehe, ziehst du aber sehr wohl eine Grenze zwischen Jugendlichen und Kindern.

SIE  Selbstverständlich. Darum habe ich beim Online-Versand ja auch die Kopien der Ausweise verlangt.

ER  Trotzdem ist das absolut fragwürdig.

SIE  Mag sein, aber es trifft den Punkt. *(Stille)* Außerdem kann es sowieso niemand aufhalten: Wenn einer gehen muss, verstehst du, *wirklich gehen muss,* dazu voll und ganz entschlossen ist, dann geht er. Auch wenn es noch so verdammt schwerfällt, sich selbst zu töten. Denn es fällt verdammt schwer. Verdammt schwer. Hast du es schon mal versucht?

ER  Nicht ernsthaft, nein.

SIE  Siehst du. Ich schon. Ich hatte letztlich nur zu viel Angst davor, dass es schiefgeht. Dass ich mit schweren Schäden überlebe und für den Rest meines Lebens dahinvegetiere. Denn wenn die Entscheidung gefallen ist, endgültig, bleiben einem ja nur die beiden grausamsten Wege: sich erschießen oder von großer Höhe springen. Man sagt, das sind die härtesten Methoden, aber es sind statistisch auch die halbwegs effektivsten. Alles andere kann so richtig schiefgehen. Und was glaubst du, welche Überwindung es braucht zu springen, wenn der Abgrund vor dir hundert Meter tief ist? Geschweige denn, wie schwer es ist, sich eine Waffe zu besorgen und dann auch noch kontrolliert abzudrücken mit dem Lauf im Mund?! Ich habe es nicht geschafft, damals. Obwohl ich so sehr zu ihr wollte, meine Tochter so sehr wiedersehen wollte. Obwohl mir Sterben so leicht geworden war. Aber ich hatte damals nicht das erlösende Heilmittel. Erst seit ich es entwickelt habe, fühle ich mich wieder sicherer im Leben. Weil ich gehen darf, wann immer ich will.

ER  Aber du hast es jetzt nicht mehr. Also, bei dir. Man hat dir alles abgenommen.

SIE Du hast doch dafür gesorgt, dass ich Besuch bekommen darf.

ER Und man hat es dir?

SIE Weiß nicht, hat man?

ER Du.

SIE Was? Du glaubst ja nicht ernsthaft, ich mache mir all die Mühe, diese Tür für andere aufzustoßen, ohne wenigstens abzusichern, dass sie auch mir offensteht.

ER Ich.

SIE Ich weiß. Manchmal bin ich nicht bei Trost und dann wird dir ganz schlecht. *(nimmt ihn an den Händen)* Aber das ist gut so. Erst wenn sich etwas in dir auflehnt, beginnt es zu arbeiten. Zu wirken. Das hilft. *(Sie küsst ihn auf den Mund. Er weicht nach einer kurzen Berührung etwas zurück.)*

*Es wird dunkel.*

*Stille.*

## · SZENE 18

*SIE steht ganz vorn im Laborkittel als Dozentin.*

*ER sitzt im Saal.*

SIE  Die Angst, vor allem die Todesangst, ist *das* politische Druckmittel schlechthin. Das Volk, die breite Masse wird durch die wiederkehrende Androhung eines schrecklichen Todes laufend manipuliert.
Denken Sie doch nur an den Atomkrieg, das ultimative Schreckgespenst, der Overkill, die Auslöschung der Menschheit, wieder und wieder abgebildet, ausgemalt auf Großleinwänden in 3D, eindringlich unterstützt durch Dolby-Atmo-Sound.
Denken Sie an alle Narrative der Diktatoren, heutiger und vergangener: *Wenn Ihr nicht so handelt wie befohlen, werdet Ihr eines schrecklichen, qualvollen Todes sterben.*
Darauf gründet deren Macht. Je erfolgreicher ein totalitärer Machthaber, desto drastischer seine Todesdrohung, desto effizienter seine Todesmaschinerie.
Letztlich werden alle politisch radikalen Maßnahmen, Verordnungen, Gesetze auf der ganzen Welt allein durch die Androhung des Todes durchgesetzt. Und das funktioniert nur, solange der Tod mit Angst,

Qual und Schrecken besetzt ist. Es ist also im Sinne jedes Staates, jeder staatlichen Politik, dass sich das Volk zu Tode fürchtet. Dass der Tod ausgegrenzt bleibt. Dass er weiterhin aus der Gesellschaft verbannt wird. Dass er keinesfalls mit Glück oder Vorfreude besetzt sein darf. Oder gar: jedem frei steht. Denn dann würde das Individuum zu seiner ureigensten Kraft gelangen, dann würde jeder Mensch zu seiner größten Stärke finden. Wer den Tod nicht mehr fürchtet, ist nicht mehr manipulierbar.

ER *(aus der Studentenschaft)* Sie vergessen die Liebe.

SIE So?

ER Die Liebe zum Leben, zu anderen Menschen, zu sich selbst. Solange ich in Liebe an etwas oder jemanden gebunden bin, solange bin ich ebenso wenig frei. Fürchte und sorge mich um das Leben des anderen oder eben um mein eigenes.

SIE Wem sagen Sie das. Trotzdem bleibt mir die Wahl. Zu lieben. Es bleibt meine freie Wahl. Immer. Liebe steht mir frei. Lieben kann und darf ich. Es bleibt in letzter Konsequenz eine Option. Sterben muss ich. Da bleibt keine Option. Die beiden einzigen Konstanten unseres Daseins: Wir werden geboren, ohne die Wahl zu haben. Wir werden sterben, ohne die Wahl zu haben. Die Frage ist nur: Wie?

*Stille.*

SIE  Das ändert alles.

*Dunkel.*

*Stille.*

## · SZENE 19

*SIE sitzt wie ganz zu Beginn am Tisch.*

*ER sitzt ihr gegenüber. Der Raum sieht ebenso aus wie zu Beginn.*

SIE So förmlich heute? Habe ich was falsch gemacht?

ER Die Verhandlung rückt näher. Mir fehlen so viele Informationen. Ich bin mir noch gar nicht im Klaren, wie ich deine Verteidigung aufbauen soll.

SIE Gar nicht.

ER Bitte?

SIE Bau meine Verteidigung gar nicht auf. Das sag ich dir von Anfang an. Sag einfach die Wahrheit. Sag, was du denkst, äußere deine Zweifel oder deine Überzeugung, deinen Glauben, je nachdem. Sag die Wahrheit. Die Wahrheit trägt.

ER Die Wahrheit trägt?

SIE Hat mal eine weise Frau gesagt. Ich habe vergessen, welche.

ER In diesem Fall trägt die Wahrheit dazu bei, dich jahrelang hinter Gitter zu bringen.

SIE Das blüht mir doch ohnehin.

ER Nein! Nicht, wenn ich es gut, wenn ich es richtig mache. Dann kann das ganz anders ausgehen, verstehst du? Es muss anders ausgehen!

SIE Muss es nicht! Muss es nicht und darf es auch nicht.

ER Du willst nach wie vor jahrelang in Haft bleiben?

SIE Das haben wir doch längst ausdiskutiert. Je schärfer der Schuldspruch, je härter die Strafe, desto wirksamer. Es muss eine Art Märtyrerschuldspruch geben. Sonst wird die Bewegung nicht genug Dynamik entwickeln. Sonst versandet es und die Community zerfällt. Am allerbesten wäre ohnehin die Todesstrafe. Aber die ist in unseren Breiten ja abgeschafft. Das brächte richtigen Aufruhr und Widerstand.

ER Ich halte das nicht mehr aus! Dieses revolutionäre Gequatsche. Das kann dich um Kopf und Kragen bringen. Bist du jetzt auch noch für die Todesstrafe?!

SIE Nein, was soll denn die dumme Frage? Was ist denn heute mit dir los? Hat die Todesstrafe jemals etwas verbessert? Ist dadurch jemals jemand abgeschreckt worden, Verbrechen zu begehen? Also nein, natürlich nicht. Aber in meinem Fall, verstehst du, theoretisch, das wäre vielleicht der Tropfen, der das Fass zum Überlaufen bringt, es würde die Diskussion weltweit anheizen und es wäre so dermaßen kontroversiell, wenn man mich mit Staatsgewalt tötet, mich ermordet, ausgerechnet mich, die für das freie, gewaltlose Sterben eingetreten ist.

ER Ich kann das nicht mehr. Kann's nicht. Jetzt nicht mehr.

SIE Jetzt nicht mehr? Was meinst du? Was hat sich denn *jetzt* so großartig verändert?

ER Ich hab die Kraft nicht mehr. Vielleicht sogar nicht mal mehr die Zeit.

SIE  Ich verstehe nicht.

*Stille.*

ER  Ich werde sterben.

SIE  Was?!

ER  Wie es aussieht, ist es unheilbar.

SIE  Was redest du da?!

ER  Ich dachte, es wären die üblichen Symptome meiner Herzschwäche. Der Schwindel, die Übelkeit, die Erschöpfung. Aber es war etwas anderes. Ich habe die Untersuchung zu lang vor mir hergeschoben. Jetzt habe ich auch noch eine zweite Meinung eingeholt. Um mich abzusichern. Die Diagnose ist dieselbe.

*Stille.*

SIE  Wie viel Zeit bleibt dir noch?

ER  Ein Jahr. Wahrscheinlich weniger.

*Stille.*

SIE  Was wirst du tun?

ER  Weiß noch nicht.

*Stille.*

SIE  Es tut mir so leid.

ER  *Ich* muss dir nicht leidtun. *Dir* drohen zwanzig
Jahre. Mir kann das nicht mehr passieren.

*Stille.*

SIE  Hast du Angst?

ER  *(nickt)*

SIE  Wie groß ist sie?

ER  Schrecklich. Tödlich.

*Stille.*

SIE  Und welche Angst?

ER  Hm?

SIE  Angst vor dem Sterben, dem Tod, dem Schmerz? Oder ist es vielleicht auch die Trauer, das Schöne am Leben zu verlieren?

ER  All das zusammen, ja.

SIE  Die Trauer um das Schöne am Leben kann dir niemand nehmen. Das ist so. All das Schöne, das Geliebte hinter sich zu lassen, ist unendlich traurig. Allerdings: Das Schwere im Leben hinter sich zu lassen, ist auch eine Erlösung. Kommt letztlich darauf an, was überwogen hat. In einem Leben. Also: Trauer, ja, Angst, nein. Die muss nicht sein.

ER  Im Kopf verstehe ich das, aber nicht hier. *(deutet auf sein Herz)*

SIE  Du gehst doch auch jeden Abend ohne Bedenken schlafen. Ohne zu wissen, was für Träume kommen, ob du überhaupt träumen wirst oder je wieder aufwachst.

ER  Das stimmt. Ja.

SIE  Was du also vor allem fürchtest sind die Schmerzen und die Panik in den Momenten des Sterbens.

Dafür haben wir aber ein Gegenmittel. Nicht wahr?

ER *(blickt sie an)*

SIE Was danach folgt, also der Tod selbst, ist ja im schlimmsten Fall ein traumloser Schlaf. *(kurze Stille)* Oder vielleicht eben doch: *(kurze Stille)* Ein blühendes Land. Voll Himmel. Und Leidenschaft. Wer weiß das schon.

*Stille.*

SIE Komm her. Lass uns zusammen trauern.

ER *(legt seinen Kopf in ihren Schoß)*

*Es wird langsam dunkel.*

*Stille.*

## · SZENE 20

*SIE sitzt vorne, wieder im Hoodie, der Kamera gegenüber.*

*ER steht im Hintergrund, bedient über das Tablet die Kamera für sie und startet ihren Vlog.*
*Die Aufnahme wird auf die Rückwand projiziert.*

SIE  Hallo Community. Tja. Die Verhandlung ist am Laufen. Tag um Tag ziehe ich mich schick an, werde in den Gerichtssaal gebracht, dann wieder zurück hierher, in meine Haftklamotten rein, ist hier sowieso egal, nur Gürtel darf es keine geben, Schnüre, Spiegel, irgendwas, das einem helfen könnte, sich das Leben zu nehmen. Ein Hohn, oder? Wie auch immer.
Ich sitz dann also tagein, tagaus da, hör mir an, was an Vorwürfen und Beschuldigungen vorgebracht wird, hör mir Augenzeugenberichte an von schluchzenden, hasserfüllten Frauen und Männern, dann wieder das Gegenteil, Dankesworte, Rechtfertigungen, wenn wir dran sind, wenn *er* am Wort ist. *(blickt in seine Richtung)* Er bemüht sich wirklich. Ich kann ihn nicht davon abbringen. *(mit einem Augenzwinkern)* Ist es sich wohl schuldig. Und wie

könnte ich ihm das schließlich versagen? Ich mag ihn. Mag ihn wirklich. Unter anderen Umständen. Wer weiß. *(ein kurzer Blick)* Er ist einer, von denen es nicht so viele gibt. Trotzdem. Er hat keine Chance. Und das ist gut so. *(scherzt) Ich habe fertig.* Bin bereit, den Rest meiner Tage in diesem Loch zu verbringen. Nicht, dass es hier nicht halbwegs gesittet zugeht, es ist auch alles sauber und ordentlich, reißen sich eh alle zusammen, aber gegen das Leben draußen, gegen Sonne und Himmel und Meer und Berge, ist das halt ein Loch. Na ja. Ich bleib ohnehin nur, so lange es sich auszahlt und ich den Kampf noch führen kann. Das habe ich jedenfalls vor. So lange es irgendwie geht, weiterkämpfen und mich auch von hier aus einsetzen für den freien Tod. Für das freie Leben. Das müsst ihr auch tun. Setzt euch ein dafür. Für die Würde im Leben. Und im Tod.

*Die Würde des Menschen ist unantastbar.* Es ist höchste Zeit, dass wir diese Würde auch tatsächlich erlangen. Findet Ihr nicht?

*Es wird dunkel.*

*Stille.*

*ER ist allein mit einer Art Schlussplädoyer in ihrem Vlog.*
*Auf der Rückwand die Großprojektion seiner Augen.*
*Er trägt das Hemd leger.*

ER  Hallo, Community. Was soll ich euch sagen? Ich habe getan, was ich konnte. Das müsst ihr mir glauben. Es ist jetzt ziemlich schnell gegangen. Mit ihr wurde, im wahrsten Sinn des Wortes, kurzer Prozess gemacht. Ein besseres Urteil war leider nicht zu erwarten. Selbst bei guter Führung wird sie das Gefängnis erst in etlichen Jahren wieder verlassen. Tut mir also leid, dass heute ich an ihrer Stelle mit euch rede. Sie konnte diesen Vlog ja bereits seit ihrer Inhaftierung nicht weiterführen. Außer das eine, letzte Mal unter meiner Aufsicht. Aber sogar das ist ihr in Zukunft untersagt. Die *Gefahr der Aufwiegelung wäre zu virulent*, hat das Gericht befunden. Vielleicht in einigen Jahren bei guter Führung, Ihr kennt das. Ja, so ist das. Sie hat mir den Online-Zugang übergeben. Ich habe ihn gerade eben noch an unseren User *finn7vier* weitergeleitet, den sie als absolut vertrauenswürdig bezeichnet. Er hat ja auch schon vor Monaten die Spendenaktion für sie gestartet.

Dank ihm und euch allen für eure Wahnsinns-Unterstützung. Hier, auf unserer Page, findet ihr weiterhin den passwortgeschützten Bereich. Bitte gebt das Passwort nur weiter, wenn ihr eurerseits absolutes Vertrauen zu der Person habt. Die verschlüsselten Kontaktdaten aller Maiestol-Labore weltweit sind jetzt dort vermerkt. Und auch, Überraschung: die exakte chemische Formel. Experimentiert nur unter allen Umständen nicht selbst damit herum. Es könnte nämlich eben *nicht* tödlich enden. Blöder Scherz, nein, aber ernsthaft: Ihr würdet schwere Schäden davontragen und unnötig leiden. Besorgt euch das Mittel nur von den Profis, okay?

Also, jetzt noch ein paar persönliche Worte von mir: Es hat mich erwischt. Ja. Vor einigen Wochen habe ich eine üble Prognose erhalten. Mir bleibt nur noch ein halbes Jahr. Mit Operation und Chemo schaff ich vielleicht das Doppelte. Tja. Ich habe keinen Gott. Blöd gelaufen. Aber: Ich hatte sie. Ich durfte Zeit mit ihr verbringen. Und, was soll ich sagen, der Ausblick aufs Sterben fühlt sich seltsamerweise gar nicht mehr so schlimm an. Vielleicht weil ich so Vieles bereits irgendwie neu gedacht habe. Vielleicht auch, weil ich den Ausweg kenne.

Wenn gottesgläubige und gottesfürchtige Menschen für sich den Freitod ausschließen, weil nur Gott allein Leben geben und nehmen darf, wieso sollten sie das Recht haben, all jenen, denen die Gnade des Glaubens nicht gegeben ist, den Freitod zu versagen? Welches mehr an Recht steht ihnen zu? Wo sind da Nächstenliebe und Toleranz geblieben? Gott existiert für mache, für manche nicht. Beide stehen gleichermaßen im Recht. Der Glaube allein bestimmt ihr Denken da wie dort.

Und wie verhält es sich tatsächlich mit dem Freitod, mit der Selbsttötung? Tausendzweihundert Suizide in Österreich im langjährigen Durchschnitt. Stellt euch vor. Das ist die offizielle Zahl. Die Dunkelziffer ist um ein Vielfaches höher. Ein Vielfaches. Denkt an all die Suchttoten – Drogen, Alkohol, Medikamente. Nahezu ausnahmslos Selbsttötungen. Schleichende, verzweifelte, verheerende Leidenswege bis zur Erlösung. Verkehrsunfälle, Bergsteigerunfälle, Unglücksfälle auf See, in Wüsten, in Bränden, im Alltag: Wie viele davon verdeckte Suizide? Blutüberströmte, zerrissene Körper in Autowracks, auf Felsplateaus, im Wasser treibend, im Eis erfroren, in der Hitze versengt, verbrannt, erschossen, erstochen, verblutet. Tausende und abertausende Horrortode, hingerafft in maßlosem Schmerz, Leid, maßloser Verzweiflung.

Wer begeht diese Schreckens-Morde? Wer ist verantwortlich? Der Staat durch seine soziale Nachlässigkeit? Die Kirche durch ihre veralteten Sündenregister und repressiven Dogmen? Die Massenmedien durch ihre penetrante und wiederholte Abbildung des apokalyptischen Massensterbens?

Oder handelt es sich eben einzig und allein um erlösende Freitode? Um die Tat eben jenes einen Menschen, der sich frei und aus eigener Kraft, aus jener Würde, die eine Gesellschaft ihm ganz und vollkommen zugestehen muss, ja, muss, dazu entschlossen hat?

Wie entwürdigend all jene, die den Menschen, oft ein Leben lang und schließlich bis zuletzt, die Würde vorenthalten.

Wie unwürdig anmaßend all jene, die gegen den Wunsch Sterbewilliger, Leben verlängern, Sterben verhindern.


Wir dürfen, dank *Maiestol*, ein neues, leichtes, so viel besseres Gefühl zum Sterben haben.

Wir dürfen lernen, glücklich zu sterben.

Um dadurch vielleicht glücklicher zu leben.

*Er holt eine kleine Medikamentendose aus seiner Hosentasche, entnimmt ihr die einzige Kapsel und hält sie auf der offenen Handfläche.*

*Stille.*

*Man könnte meinen, dass er sie gleich schluckt.*
*Er schließt die Finger um die Kapsel.*

*Stille.*

ER  Was sagt man von der Hoffnung?

*Stille.*

*Es wird dunkel.*


## LETZTE STILLE

# DANKSAGUNG

Danke für das Fachwissen, die Meinung, Unterstützung: Mag. pharm. Ambros Morbitzer, Mag. jur. Ingomar Arnez, Mag. med. vet. Karl Wuggenig und Dr. med. Andrea Nicolaus.

Danke dem *neuebuehnevillach-Kernteam* für das Gegenlesen, Einfühlen, Anregen: Martin Dueller, Waltraud Hintermann, Stefan David Zefferer, Clemens Lukas Luderer.

Danke meinem Theater-Verlagsteam vom *Sessler Verlag,* Prof. Dr. Maria Teuchmann und Dr. Sabine Pribil für die engagierte Auseinandersetzung, Betreuung und euren Glauben an das Projekt.

Danke meiner Roman-Verlegerin vom *Sheema Medien Verlag* Cornelia Linder, dass sie auch dieses, für sie ganz außergewöhnliche Buchprojekt mit mir realisiert. Welche Freude.

Danke meiner Frau Isabella für die erste Interpretation der Rolle, ihre Klarsicht, Bestärkung und dass sie dieses große Thema mit mir schultert.

*Michael Weger*
*Juni 2024*

DIE ROMANE
VON MICHAEL WEGER
IM SHEEMA MEDIEN VERLAG

### OCTAGON - AM UFER DER SEELE

Mit Kraft und Sanftmut, mit Bedachtsamkeit und Humor, mit Berührung und Einkehr - diese Roman versammelt tiefe Weisheit in sich und wirkt weit über das Erzählte hinaus. Es ist ein wesentliches, ein heilendes Buch.

ISBN 978-3-931560-61-4

### SHARE - DIE TEILE DER LIEBE

Ein Roman, den man wieder und wieder zur Hand nimmt - mit vielen Wendungen und einem Weg zu sich selbst. Spannend bis zur letzten Seite, mit einem Hauch von Utopie und ganz viel Liebe. Lesevergnügen pur!

ISBN 978-3-931560-63-8

### DIE WIDERAUFERSTEHUNG DER LÖWEN

Eine Begegnung der Generationen. Berührend, poetisch, mitreißend. Ein Roman über den Tod und das Leben. Die tiefgreifenden Weisheiten der Geschichte inspirieren und machen Mut zum Leben und der Freude daran.

ISBN 978-3-931560-65-2

Besuchen Sie unsere Homepage,
dort finden Sie weitere Bücher, Hörbücher und CDs.
Wir freuen uns auf Sie!

# www.sheema-verlag.de

KONTAKT

**Sheema Medien Verlag**
Bücher. Aus Liebe.

Hirnsbergerstr. 52
D - 83093 Antwort

Tel.: 0049 - (0)8053 - 7992952

E-Mail: info@sheema.de

https://www.sheema-verlag.de

**SHEEMA**

MÖGEN ALLE WESEN GLÜCKLICH SEIN